BEI GRIN MACHT SICH IHR WISSEN BEZAHLT

- Wir veröffentlichen Ihre Hausarbeit, Bachelor- und Masterarbeit

- Ihr eigenes eBook und Buch - weltweit in allen wichtigen Shops

- Verdienen Sie an jedem Verkauf

Jetzt bei www.GRIN.com hochladen und kostenlos publizieren

Erstellung eines Trainingsplan für Krafttraining über 6 Monate mit subjektivem Belastungsempfinden

Diagnose, Zielsetzung, Krafttest, Mesozyklus, Makrozyklus und Literaturrecherche

GRIN ☺

Bibliografische Information der Deutschen Nationalbibliothek:

Die Deutsche Nationalbibliothek verzeichnet diese Publikation in der
Deutschen Nationalbibliografie; detaillierte bibliografische Daten sind
im Internet über http://dnb.d-nb.de abrufbar.

ISBN: 9783346654199
Dieses Buch ist auch als E-Book erhältlich.

© GRIN Publishing GmbH
Trappentreustraße 1
80339 München

Druck und Bindung: Books on Demand GmbH, Norderstedt Germany
Gedruckt auf säurefreiem Papier aus verantwortungsvollen Quellen

Das Buch bei GRIN: https://www.grin.com/document/1225169

Inhaltsverzeichnis

1. Diagnose

1.1. Allgemeine und biometrische Daten

Für die Erstellung eines Trainingsplans müssen zuerst die allgemeinen und biometrischen Daten der Person erhoben werden.

Tab. 1: Allgemeine und biometrische Daten der Kundin (Eigene Darstellung)

Alter:	20 Jahre	Blutdruck:118/77mmHg
Geschlecht:	Weiblich	Normwerte Blutdruck: Optimal 120/80 mmHg (American heart Association, 2003)
Körpergröße:	1,60 Meter	BMI: 22,9 BMI-Normalgewicht:19-24 (World Health Organization [WHO], 1995)
Körpergewicht:	58,5 Kg	Körperfettanteil:26% Durchschnittlich; 25-31% (Digate Muth; American Council on Exercise [ACE], 2009)
Trainingsmotive:	Muskelaufbau, Straffung Beine und Po, Gewichtsreduktion	
Berufliche Tätigkeit:	Studentin im Finanzwesen (vorwiegend sitzend)	
Aktuelle sportliche Tätigkeit:	Keine regelmäßige; Alltagsbewegungen	
Frühere sportliche Tätigkeit:	1-mal pro Woche 30 Minuten Joggen	
Zeitlicher Verfügungsrahmen:	1-, bis 2-mal pro Woche für jeweils 2 Stunden	
Allgemeiner Gesundheitszustand:	Der BMI hat einen idealen Wert und der Blutdruck ist optimal. Keine aktuelle Krankheit oder Vorerkrankung bekannt.	
Belastbarkeit und Trainierbarkeit der Person:	Aufgrund des guten Gesundheitszustandes voll trainierbar. Voll belastbar, da keine orthopädischen oder internistischen Probleme vorliegen. Es werden derzeit keine Medikamente eingenommen. Keine Vorerfahrung im Krafttraining.	

1.2. Krafttestung

1.2.1. Begründung der Testauswahl

Bei der Kundin wurde ein Test über das subjektive Belastungsempfinden gewählt.

Dazu orientiert man sich an der 20-stufigen Skala von Borg (2004), da diese sich bereits im fitnessorientierten Krafttraining bewährt hat.

Insgesamt ist die Intensitätsbestimmung über das subjektive Belastungsempfinden eine sehr gute Methode für Trainingsbeginner, ohne jegliche Krafttrainingserfahrung, da die

Belastung an den Sportler nicht so hoch ist. Aus diesem Grund wird empfohlen, im fitness- und gesundheitsorientierten Training auf X-RM oder 1-RM-Testungen zu verzichten und stattdessen die Methode nach dem subjektiven Belastungsempfinden zu wählen (Boeckh-Behrens & Buskies, 2009).

Dadurch, dass der Sportler selbst die Intensität über das subjektive Belastungsempfinden wählt, sinkt damit auch das gesundheitliche Risiko der Überbelastung, die besonders bei unerfahrenen Beginnern auftreten kann.

Die subjektive Anstrengung wird mithilfe einer RPE-Skala (Borg, 1998, 2004) gemessen, die 20 Stufen besitzt. Stufe 6 entspricht einer sehr leichten und Stufe 20 einer sehr schweren Anstrengung. Es wird empfohlen auf Stufe 15-16 zu trainieren, welches subjektiv als anstrengend empfunden wird (Boeckh-Behrens, Buskies & Beier, 2002). Jedoch ist bei diesem Test ein sehr hoher Abstraktionsgrad der subjektiv wahrgenommenen Anstrengung vorhanden.

Der Maximalkrafttest wurde für diese Kundin nicht gewählt, da eine hohe Verletzungsgefahr durch die hohe mechanische Belastung, besonders für Beginner, besteht. Zudem wird bei diesem Test eine hohe psychische Belastung vom Sportler abverlangt, wodurch die Gefahr der Demotivation entsteht, was das Risiko für Trainingsabbrüche erhöht (Bührle, 1989).

Ein weiterer Grund gegen den Maximalkrafttest ist, dass es besonders bei Beginnern keine sinnvollen Anhaltspunkte gibt, um das 1-RM zuverlässig zu bestimmen. Der 1-RM-Test wurde nicht gewählt, da dort das maximal konzentrisch zu bewältigbare Gewicht für eine Wiederholung ermittelt wird, was ebenfalls zu belastend für Beginner ist (Boeckh-Behrens & Buskies, 2000). Bei der Intensitätsbestimmung über das subjektive Belastungsempfinden wird für eine vorher definierte Wiederholungszahl eine Last bestimmt, die den vorher definierten Anstrengungsgrad auslöst. Ein Mehrwiederholungskrafttest ist nicht für Anfänger ohne Erfahrung geeignet, da auch hier die Bewegungskoordination eine Störgröße für das Testergebnis darstellt.

1.2.2.   Ablauf Krafttest

Bevor der Test beginnen kann, muss der Trainer die 8 Übungen, sowie dessen Wiederholungszahl, Sätze und Belastungsanforderung festlegen.

Als Übungen wurden viele für den Unterkörper gewählt, da dessen Stärkung dem Trainingsmotiv der Kundin entspricht.

Zuerst sollte man sich mental vorbereiten, darauf folgt das allgemeine Aufwärmen, bei dem die Kundin 5 Minuten auf dem Fahrrad fährt. Dies sollte moderat ablaufen, damit die Kundin nicht schon vor dem Testbeginn ermüdet ist. Ideal wäre die Belastung bei einer Herzfrequenz von 140 (160 minus Lebensalter). Dabei wird das Herz-Kreislauf-System durch den dynamischen Einsatz der großen Muskelgruppen aktiviert.

Durch die Erhöhung der Körperkerntemperatur beschleunigt sich die Geschwindigkeit der Stoffwechselvorgänge und der Muskel wird besser durchblutet.

Darauf folgt das spezielle Aufwärmen, wobei lokale Muskelgruppen angesprochen werden, die in den folgenden Übungen belastet werden.

Dafür wird ein Satz mit den Testübungen durchgeführt, jedoch mit einer niedrigeren Intensität (Ahonen, Lahtinen, Sandström & Pogliani, 2003).

Anschließend beginnt der Krafttest, der primär das Ziel hat, ein Testgewicht zu finden, dass für 10 Wiederholungen als subjektiv anstrengend empfunden wird (Borg, 2002). Dafür werden maximal 3 Testsätze durchgeführt, mit 3 Minuten Pause dazwischen. Die Durchführung der Sätze laufen nach dem trial and error Prinzip ab. Das bedeutet, dass wenn im Testsatz die Übung mit 10 Wiederholungen mit dem gewählten Gewicht erfolgreich absolviert wurde, wird die Last für dem nächsten Satz erhöht. Werden die 10 Wiederholungen jedoch nicht geschafft, da das subjektive Belastungsempfinden über „anstrengend" hinaus geht, wird der Satz abgebrochen und das zuvor verwendete Gewicht als Ergebnis des Tests gewertet. Dies wird so bei allen Übungen durchgeführt, bis man für alle ein Ergebnis erhält, womit man später den Trainingsplan erstellen kann.

Tab. 2: Testprotokoll:Intensitätsbestimmung über subjektives Belastungsempfinden (Eigene Darstellung)

Testübung	Wieder-holung	1.Testsatz In Kg	2.Testsatz In Kg	3.Testsatz In Kg	4.Testsatz In Kg
Beinpresse sitzend 45°	10	70	75	80	80
Rudern horizontal (Maschine)	10	35	40	-	40
Rumpfextension (Maschine)	10	10	15	-	15
Rumpfflexion (Maschine)	10	15	20	-	20
Butterfly (Maschine)	10	15	20	25	25

Brustpresse horizontal (Maschine)	10	35	40	-	40
Beinstreckmaschine	10	50	55	-	55
Beinbeugemaschine	10	45	50	-	50

1.2.3 Schlussfolgerung

Bei der Auswertung des Krafttests fällt auf, dass im Oberkörper weniger Kraft vorhanden zu sein scheint, als im Unterkörper, da bei den Übungen mit deutlich weniger Gewicht die 10 Wiederholungen als anstrengend empfunden wurden.

Für den Test existieren aufgrund vieler Störgrößen, die auf das Testergebnis einwirken keine Norm- und Referenzwerte, um einen interindividuellen Leistungsvergleich durchzuführen. Dieser Krafttest ist dafür also nicht geeignet, da zum Beispiel jeder ein anderes subjektives Belastungsempfinden besitzt (Eifler, 2021 S. 159).

Der Test ist bei konsequenter und exakter Standardisierung der Testrahmenbedingungen geeignet für den intraindividuellen Leistungsvergleich. Man muss hierbei jedoch darauf achten, dass der Test jedes Mal unter den genau gleichen Bedingungen abläuft (Eifler, 2021, S .159).

Ebenfalls ist dieser Test dafür geeignet, dass man die Trainingsintensität ableitet, da das Testgewicht gleichzeitig auch das Trainingsgewicht darstellt. Aus diesem Grund wurde der Test ausgewählt, da dabei direkt das Trainingsgewicht für die festgelegte Wiederholungszahl ermittelt wird und dies so direkt in den Trainingsplan übertragen werden kann (Eifler, 2021, S. 159).

2. Zielsetzung/ Prognose

Tab. 3: Zielsetzung der Kundin (Eigene Darstellung)

Ziele	Inhalt	Ausmaß	Zeit
1. Kraftsteigerung Rückenmuskulatur	Kraftsteigerung	Um 10%	6 Wochen
2. Beine und Po Straffung	Senkung Körperfettanteil	Auf 24%	3 Monate
3. Abnehmen	Gewichtsreduktion	5Kg	3 Monate

Begründung Ziel 1: Durch den vorwiegend im Sitzen ausgeübten Beruf und Alltag ist die Stärkung der Rückenmuskulatur wichtig für die Gesundheit der Kundin, um zukünftige Rückenbeschwerden vorzubeugen. Dafür wurde eine Kraftsteigerung in einem Krafttest ausgewählt, mit dem Ziel innerhalb des ersten Mesozyklus die Rückenmuskulatur um 10% in Bezug auf die Kraft zu steigern.

Nach den 6 Wochen wird derselbe Krafttest durchgeführt, wie vor Beginn des Trainings für die Kraftsteigerung der Rückenmuskulatur. Anschließend werden die Ergebnisse daraufhin überprüft, ob es zu einer Kraftsteigerung von 10% in diesem Bereich kam.

Dieses Ziel entspricht dem Motiv der Kundin, da sie sich Muskelaufbau gewünscht hat und ihre Angst vor späteren Rückenbeschwerden durch den Sitzberuf äußerte.

Begründung Ziel 2: Die Kundin hat sich eine Straffung im Bereich der Beine und Po gewünscht, wovon das Ziel der Senkung des Körperfettanteils [KFA] um 2% abgeleitet wurde, da eine Straffung durch dessen Senkung erreicht werden kann.

Als zeitlichen Rahmen wurden 3 Monate veranschlagt mit paralleler Ernährungsumstellung. Aktuell liegt der KFA der Kundin bei 26%, welcher im Normalbereich liegt und keinen gesundheitlichen Risikofaktor darstellt (ACE, 2009).

Nach den 3 Monaten wird der KFA erneut mit der Körperanalysewaage ermittelt und mit dem vorherigen Wert verglichen. Generell wirkt sich die Senkung des KFA sehr positiv auf die Gesundheit und biometrischen Werte der Kundin aus (ACE, 2009).

Begründung Ziel 3: Die Kundin möchte ihr Wunschgewicht erreichen, welches innerhalb von 3 Monate gut zu realisieren ist. Dies entspricht auch dem Trainingsmotiv der Kundin und wurde damit konkretisiert. Das aktuelle Gewicht der Kundin wurde bereits erfasst und beträgt 58,5 Kg. Beim Vergleich der Werte spielt ein Störfaktor eine große Rolle, denn bei der Senkung des Körpergewichtes kommt es auch gleichzeitig zum Anstieg der Muskelmasse. Es empfiehlt sich, die Messungen unter den gleichen Bedingungen durchzuführen, um weitere Störgrößen zu minimieren. Die Senkung des Gewichtes hat einen positiven Einfluss auf die Gelenke, da diese weniger belastet werden (WHO, 1995).

3. Trainingsplanung Makrozyklus

Für die Kundin wurde ein Trainingsplan über 6 Monate erstellt, der aus 4 Mesozyklen besteht. Dabei wurde sich an den Motiven und Zielen der Kundin orientiert.

Tab. 4: Trainingsplanung Makrozyklus (Eigene Darstellung)

	Mesozyklus 1	Mesozyklus 2	Mesozyklus 3	Mesozyklus 4
Dauer	6 Wochen	8 Wochen	6 Wochen	6 Wochen
Trainingsziel	Kraftausdauer	Extensiver Muskelaufbau	Übergangstraining	Intensiver Muskelaufbau
Einheiten/Woche	2	2	2	2
Organisationsform	GK/ Station	GK/ Station	GK/ Zirkel	GK/ Zirkel
Übungen/Muskel-Gruppe	2	2	2	2
Sätze/Übung	2	2	2	2
Satzpausen	60 Sekunden	90 Sekunden	-	-
Wiederholungen	20	12	15	8
Intensität (Borg-Skala)	15	15	15	15
Bewegungstempo	TUT 2/0/2	TUT 2/0/2	TUT 2/0/2	TUT 2/0/2

Begründung Wahl Trainingsmethode: Bei dieser Kundin wurde das sanfte Krafttraining nach Buskies gewählt (Boeckh-Behrens, Buskies, Beier, 2002). Diese Methode, auf Basis des subjektiven Belastungsempfindens, wird als induktiver Ansatz der Intensitätsbestimmung bezeichnet (Willimczik, Daugs, Olivier, 1991).

Da bereits der Krafttest in der Diagnose auf der Basis des subjektiven Belastungsempfindens ablief, entschied man sich ebenfalls bei der Trainingsplanung des Makrozyklus dafür. Der Vorteil dieser Methode besteht darin, dass es besonders gut für Trainingsbeginner ohne jegliche Erfahrung geeignet ist, da hier auf hohe Belastungen verzichtet wird (Trunz, Freiwald, Konrad, 2002).

Besonders im Hinblick auf die Gesundheits- und Leistungsvoraussetzungen empfiehlt sich diese Methode, da „die laktazide sowie kardiale Belastung (Systolischer Blutdruck, Herzfrequenz, Produkt aus systolischem Blutdruck und Herzfrequenz als Maß für den Sauerstoffbedarf des Myokards) und ... auch die Gefahr der Preßatmung [sic] sind bei einem sanften Krafttraining im Vergleich zu einem Training bis zur muskulären Ausbelastung deutlich reduziert" (Buskies, 1999, S.4).

Dies zeigt, dass sich diese Methode sehr gut für Unerfahrene eignet, da die Belastungen niedriger sind und es zur Kraftsteigerung führt (Buskies & Boeckh-Behrens, 2009). Auch aus orthopädischer Sicht bietet diese Methode zum Beispiel gegenüber der ILB-Methode einen Vorteil für Beginner (Buskies, 1999).

Zudem zeichnet sich diese Methode durch ein optimales Verhältnis zwischen Effektivität, Belastung und Risikokomponente aus (Buskies, 1999, S.5).

Auch wenn die Kundin keine gesundheitlichen Risikofaktoren aufweist, hat sie dennoch keine Erfahrung im Bereich des Kraftsports, weshalb das sanfte Krafttraining die beste Wahl ist, da aufgrund fehlender Erfahrungen ein Risiko der Überforderung besteht (Buskies, 1999).

Begründung der Belastungsparameter: Es wurden 2 Einheiten pro Woche festgelegt, da dies sehr effektiv ist und es bereits bei einer Einheit pro Woche zu signifikanten Muskelmassezuwächsen kommt (Wirth, Aaztor & Schmidtbleicher, 2007, S.3). Es wurde auch belegt, dass bei 2 oder 3 Krafttrainingseinheiten pro Woche deutlich höhere Muskelmassezuwächse erzielt wurden (Fröhlich & Schmidtbleicher, 2008). Da die Kundin in der Diagnose mitteilte, dass ihr zeitlicher Verfügungsrahmen bei 2 Einheiten in der Woche liegt, wurde sich auch dafür entschieden.

Im Trainingsplan sind 2 Übungen pro Muskelgruppe festgelegt, da nach einem intensiven Trainingsreiz die Proteinsynthese für bis zu 48 Stunden erhöht bleibt. Innerhalb dieser Zeit sollte der nächste Trainingsreiz gesetzt werden, um diesen Prozess optimal auszunutzen (Mac Dougall, Gibala, Tarnopolsky, Mac Donald, Interisano & Yarasheki, 1995; Phillips, Tipton, Aarsland, Wolf & Wolfe, 1997). Dies passt ebenfalls in den zeitlichen Verfügungsrahmen der Kundin.

Man hat sich für das Mehrsatztraining entschieden, da es in vielen Studien als das überlegenere Training für das Krafttraining gesehen wird (Buskies & Boeckh-Behrens, 2009; Greiwing & Freiwald, 2005). Fröhlich beschrieb 2006 ebenfalls die Effektivität eines

Mehrsatztrainings. 2 Sätze pro Übung reichen dementsprechend bei einem gesunden Anfänger mit wenig Erfahrung aus, da ein niedrigerer Umfang bereits zur Leistungssteigerung führt (Wirth, Aaztor & Schmidtbleicher, 2007).

Bei der Festlegung der Intensität orientiert man sich an der Borg Skala, (Borg, 1998, 2004) zur Erfassung des subjektiven Belastungsempfindens. Bei Beginnern sollte man den Beanspruchungsgrad 15 –16 nach Borg (anstrengend) anvisieren (Freiwald & Greiwing, 2016, S.400).

Es wird keine höhere Anforderung gewählt, da es sonst zu hohen kardiovaskulären Belastungen kommt und damit den Gesundheitszustand der Kundin gefährdet (Buskies, 1999). Zu hohe Belastungen führen außerdem zur neuronalen Ermüdung und sollten daher, besonders bei unerfahrenen Anfängern, vermieden werden (Garhammer & Takano, 1994, S. 355).

Bei den Satzpausen wurde sich an den Krafteinsätzen orientiert, das heißt, je höher der Krafteinsatz, desto länger die Pausen.

Bei submaximalen Krafteinsätzen werden 2-3 Minuten empfohlen, bei Kraftausdauer 30-60 Sekunden und bei mittleren Krafteinsätzen 45-120 Sekunden (Güllich & Schmidtbleicher, 1999). Sakomoto und Sinclair (2006) empfehlen als Bewegungstempo für Trainingsbeginner eine kontrollierte Lastbewältigung, somit ein TUT (Time under tension) von 2/0/2, was einem langsamen Tempo entspricht, ohne Haltephase.

Begründung Organisationsformen: In den ersten beiden Mesozyklen wurde sich für das Ganzkörpertraining an Stationen entschieden. Beim Stationstraining kommt es durch die aufeinanderfolgenden Sätze zu einer stärkeren Muskelermüdung (Fröhlich, 2014).
Diese Methode hat den Vorteil, dass gerade Unerfahrene sich erst einmal auf eine Übung konzentrieren müssen und erst wenn diese vollständig absolviert wurde, wechselt man zur nächsten. Damit verhindert man die Überforderung der Kundin.
In dem dritten und vierten Zyklus wird das Circuittraining gewählt, was die Muskelgruppen immer im Wechsel trainiert. Der Vorteil dieser Methode ist das optimale Verhältnis von Trainingsqualität und Trainingsquantität, da in relativ kurzer Zeit viele Übungen effektiv absolviert werden. Zu diesem Zeitpunkt hat die Kundin schon viel Trainingserfah-

rung sammeln können, weshalb diese Methode anwendbar ist (Fröhlich, 2014). Im gesamtem Makrozyklus wurde das Ganzkörpertraining gewählt, da in einer Einheit direkt alle Muskelgruppen trainiert werden, wodurch die Trainingsfrequenz nicht so hoch sein muss, wie zum Beispiel beim Split Training (Ehlenz, Grosser & Zimmermann, 1998). Diese Methode passt auch besser zu dem zeitlichen Verfügungsrahmen der Kundin. Es ist somit sinnvoller, jede Muskelgruppe 2-mal pro Woche zu trainieren, als seltener durch das Split Training, da die Kundin nur 2-mal pro Woche Zeit hat.

Begründung Periodisierung: Der Trainingsplan beginnt im 1. Mesozyklus mit einem Kraftausdauertraining [KAT]. Da die Kundin noch sehr unerfahren ist, beginnt man mit einem umfangorientierten Krafttraining, um eine Basis zu schaffen, auf der später im Trainingsverlauf aufgebaut werden kann.

Durch das Kraftausdauertraining kann die Kundin erst einmal die Bewegung erlernen, ein intensitätsorientiertes Training wäre hier falsch, da die Kundin ohne jegliche Erfahrung die Bewegung falsch ausführen würde und durch die hohe Last die Gelenke stark belastet.

Das KAT steht am Anfang des Trainingsplans, da die Kundin nie Kraft trainiert hat und dies der Vorbereitung dient und die passiven Strukturen anpasst. Durch das KAT kommt es zu einer besseren Versorgung des Bindegewebes und zur Verbesserung der Laktattoleranz und Regenerationsfähigkeit (Güllich, & Schmidtbleicher, 1999).

Bei Anfängern führt es zu einer besseren Kapillarisierung und damit zu einer besseren Nährstoffversorgung. Da ein Anfänger eine bessere intermuskuläre Koordination benötigt, wird diese mithilfe des KAT und der vielen Wiederholungen geübt und verbessert (Eisenhut & Zintl, 2013; Fröhlich, 2003a).

Im Muskelaufbautraining [MAT] wird Muskelmasse aufgebaut und die neuromuskuläre Ansteuerung verbessert. Es kommt zur Herstellung eines höheren Kraftniveaus.

Durch die noch relativ hohe Wiederholungszahl ist das Muskelaufbautraining extensiv.

Da die Kundin das Ziel Muskelaufbau der Rumpfmuskulatur hat, bietet sich diese Methode gut dafür an (Güllich & Schmidtbleicher, 1999).

Im 2. Mesozyklus wird also auf das KAT aufgebaut und die Intensität erhöht, um ein höheres Kraftniveau zu erreichen. Eine Muskelhypertrophie dominiert als leistungssteigernder Faktor erst nach einer Verbesserung der intramuskulären Koordination (Weineck, 1997a).

Darauf folgt im 3. Zyklus ein Übergangstraining [ÜT], welches erneut umfangorientiert ist, da ein weiteres MAT für die unerfahrene Kundin überfordernd wäre.

Dieses Training soll die Kundin sukzessiv auf höhere Trainingsintensitäten vorbereiten, da es die intermuskuläre Koordination schult und den Stoffwechsel optimiert.

Außerdem dient das ÜT der Regeneration, nach dem intensiveren MAT (Güllich & Schmidtbleicher, 1999).

Der letzte Mesozyklus beinhaltet das intensive Muskelaufbautraining [MAT], welches Muskelmasse aufbaut und Körperfett abbaut und den Effekt der Straffung hat, was ein Ziel der Kundin ist. Im Gegensatz zum extensiven MAT werden beim intensiven MAT weniger Wiederholungen gemacht, bei einer höheren Intensität (Güllich & Schmidtbleicher, 1999).

Da die Kundin nach dem ÜT wieder völlig regeneriert ist, bietet sich an dieser Stelle wieder ein intensiveres Training an.

Da die Kundin nun nicht mehr unerfahren ist, kann sie auch höhere Intensitäten ertragen. Daran, dass die Kundin mit dem subjektiven Belastungsempfinden „anstrengend" trainieren soll, hat sich nichts geändert. Da die Leistungsfähigkeit der Kundin erhöht wurde, werden nun erst deutlich höhere Lasten als „anstrengend" empfunden, als zu Beginn des gesamten Makrozyklus. Dadurch wird die Intensität automatisch progressiv erhöht.

In diesem Trainingsplan wurde völlig auf das Maximalkrafttraining verzichtet, da dieses Training sehr intensiv und stark belastend ist. Dafür ist die Kundin jedoch noch zu unerfahren und hat die nötige Leistungsfähigkeit noch nicht erreicht, um so hohe Belastungen zu ertragen (Güllich & Schmidtbleicher, 1999).

Diese Art der Periodisierung wird als Blockperiodisierung bezeichnet, die jedoch nicht dem klassischen Muster folgt (Fröhlich, Müller, Schmidtbleicher & Emrich, 2009).

Pro Mesozyklus wechselt es von einem umfangorientierten zu einem intensitätsorientierten Krafttraining. Durch die progressive Anpassung der Last an das vorgegebene subjektive Belastungsempfinden wird sichergestellt, dass die Kundin zu jedem Zeitpunkt innerhalb des Mesozyklus eine Last verwendet, die als anstrengend empfunden wird, um weitere Trainingsanpassungen zu bewirken.

4. Trainingsplanung Mesozyklus

Aus dem Trainingsplan wird der erste Mesozyklus detailliert mit allen Übungen für die Kundin dargestellt.

Tab. 5: Trainingsplanung erster Mesozyklus (Eigene Darstellung)

Übungen	Wieder-holung	Woche 1	W. 2	W. 3	W. 4	W. 5	W. 6
			Intensität subjektiv „anstrengend"				
Beinpresse sitzend 45°	20	80Kg	80Kg	85Kg	85Kg	85Kg	90Kg
Rudern horizontal (Maschine)	20	40Kg	40Kg	45Kg	45Kg	45Kg	45Kg
Rumpfextension (Maschine)	20	15Kg	15Kg	80Kg	20Kg	25Kg	25Kg
Brustpresse horizontal (Maschine)	20	40Kg	40Kg	45Kg	45Kg	45Kg	50Kg
Beinstreckmaschine	20	55Kg	55Kg	60Kg	60Kg	65Kg	70Kg
Rumpfflexion (Maschine)	20	20Kg	20Kg	25Kg	25Kg	30Kg	30Kg
Beinbeugemaschine	20	50Kg	50Kg	55Kg	55Kg	60Kg	65Kg
Butterfly (Maschine)	20	25Kg	25Kg	30Kg	30Kg	30Kg	35Kg

Begründung Konzept der Übungsauswahl: Auffällig ist, dass im 1. Mesozyklus ausschließlich Maschinenübungen ausgewählt wurden. Der Vorteil liegt darin, dass es eine einfach zu handhabende Möglichkeit der Intensitätssteigerung gibt, durch das Einstecken des Steckstifts im nächsthöheren Gewicht. Zudem bieten die Maschinen eine achsengerechte Positionierung und individuelle Einstellung, wodurch ungünstige Belastungen auf das passive Belastungssystem minimiert werden. Durch eine eingeschränkte Ausweichmöglichkeit bei der Bewegungsausführung wird die Verletzungsgefahr durch eine fehlerhafte Ausführung verringert (Stemper, 1994).

Dies ist besonders wichtig bei einer unerfahrenen Person, wie die Kundin, die noch keinerlei Erfahrungen mit Krafttraining hat. Durch die Geführte Bewegung kann diese deutlich schneller erlernt werden, ohne das Auftreten von Ausführungsfehlern, da die koordinativen Anforderungen für Beginner nicht so hoch sind (Haff, 2000). Der Trainingseinstieg wird somit leichter und die Kundin erlernt die Bewegung innerhalb kurzer Zeit.

In diesem Mesozyklus wurde sich gegen das Krafttraining mit freien Gewichten und am Seilzug entschieden, da es dort keine Limitierung der Bewegungsamplitude gibt, wodurch schnell Ausführungsfehler oder Haltungsfehler entstehen. Dies passiert häufig bei unerfahrenen Kunden, da sie kein Gefühl für die richtige Ausführung haben. Durch die koordinativ anspruchsvollen Bewegungen besteht die Gefahr der motorischen Überforderung, gerade bei Anfängern. Die Übungsvielfalt ist zu groß, wodurch man schnell bei der Ausführung von der Bewegung abweicht (Haff, 2000).

Wenn die Leistungsfähigkeit der Kundin erhöht wird, kann man auch diese Übungen in den Trainingsplan integrieren.

Bei der Übungsauswahl entschied man sich für eine Mischung aus mehr- und eingelenkigen Übungen, man beginnt mit den mehrgelenkigen, um eine Vorermüdung der Synergisten zu vermeiden.

Bei mehrgelenkigen Übungen werden passive Strukturen entlastet und die intermuskuläre Koordination verbessert, jedoch ist der Bewegungsablauf schwieriger.

Eingelenkige Übungen sind leichter durchzuführen, durch die Einseitigkeit jedoch unphysiologisch, wenn der Antagonist nicht ebenfalls trainiert wird (Hois & Ziegner, 2006).

Die ausgewählten Übungen sind größtenteils für die Beine und die Rückenmuskulatur, da dort auch der größte Bedarf an Muskelmassenzuwachs, anhand der Ziele der Kundin liegt. Da die Kundin viel sitzt, ist es wichtig den Rücken und die Rumpfmuskulatur zu stärken, damit der Entstehung von Rückenbeschwerden vorgebeugt wird (Carpenter & Nelson, 1999)

Zudem ist es das Ziel der Kundin Beine und Po zu straffen, was durch den Muskelaufbau in diesem Bereich realisiert werden kann, mit einer parallel richtigen Ernährung. Die Reihenfolge der Übungen wurde so gewählt, dass die beanspruchte Muskelgruppe bei jeder Übung wechselt, damit diese sich regenerieren kann, während eine andere beansprucht wird. Es wurde auf das ausgeglichene Verhältnis von Übungen für den Agonist und Antagonist geachtet.

Begründung der einzelnen Übungen: Bei der Beinpresse sitzend, wird hauptsächlich der vier- und zweiköpfige Oberschenkelmuskel, sowie der große Gesäßmuskel trainiert.

13

Diese Übung stärkt die unteren Extremitäten und durch den Muskelaufbau, sowie die Abnahme des Körperfettanteils werden Beine und Po optisch gestrafft, was das Ziel der Kundin ist. Es wurde diese Übung gewählt, da sie leicht durchzuführen ist und wenig Fehler bei Anfängern entstehen.

Die Übung horizontal Rudern an der Maschine hat den Vorteil, dass man durch das Brustpolster stabil sitzt und damit Haltungsfehler vermieden werden. Dieses Risiko ist bei unerfahrenen Kunden erhöht, weshalb man sich für die Übung an der Maschine entschied, statt am Kabelzug. Bei der Übung wird primär der breite Rückenmuskel trainiert und zusätzlich der Trapezmuskel. Diese Übung soll ebenfalls den Rücken der Kundin stärken und ist dabei gelenkschonend und einfach zu erlernen.

Im Zuge des präventiven Krafttraining wählte man die Übung Rumpfextension an der Maschine aus, da diese den Rückenstrecker trainiert und damit ebenfalls die Rückenmuskulatur stärkt. Die Ausführung dieser Übung hat einen niedrigen Schwierigkeitsgrad und ist damit optimal geeignet für die Kundin.

Durch die Stärkung der Rückenstrecker wird die Lendenwirbelsäule beim Laufen besser stabilisiert und wirkt sich damit, gesundheitlich gesehen, positiv auf die Kundin aus.

Die Brustpresse horizontal an der Maschine trainiert hauptsächlich den großen Brustmuskel und zusätzlich den Trizeps und die Schultern. Diese Übung wurde ausgewählt, da man ein Ganzkörpertraining anstrebt und man mit dieser Übung den Oberkörper trainiert. Der Vorteil liegt auch hier bei der einfachen Ausführung, da die Bewegung gerätegestützt ist und somit weniger Fehler bei der Ausführung entstehen können.

Die nächste Übung ist die Beinstreckmaschine, welche den vierköpfigen Oberschenkelmuskel trainiert. Die Bewegungsausführung ist simpel, sodass die Übung für Anfänger ideal ist. Durch die Stärkung und den Muskelaufbau der Beinstreckmuskulatur wird das Ziel der Kundin, Beine und Po zu straffen, erreicht.

Da bereits die Rückenmuskulatur trainiert wurde, ist es wichtig im Zuge des ausgeglichenen Trainings aller Muskelgruppen, auch die Bauchmuskulatur zu trainieren. Dafür wählte man die Übung Rumpfflexion an der Maschine, bei der hauptsächlich der gerade Bauchmuskel angesprochen wird.

Der Schwierigkeitsgrad dieser Übung ist ebenfalls niedrig und damit für Anfänger gut geeignet.

Die nächste Übung, an der Beinbeugemaschine, trainiert den zweiköpfigen Oberschenkelmuskel. Der Vorteil bei der Ausführung an der Maschine ist, dass der Muskel isolierter trainiert wird, wodurch der Muskel stärker belastet werden kann. Die Stärkung der Beinmuskulatur entspricht dem Ziel der Kundin und wurde aus diesem Grund ausgewählt.

Als letzte Übung wurde der Butterfly an der Maschine ausgewählt, welche den Brustmuskel trainiert, sowie die vordere Schultermuskulatur. Dadurch, dass man bei der Übung eine sitzende Position einnimmt, ist der Körper fixiert und es entstehen weniger Fehler bei der Ausführung. Für die eigentlich schwierige Kreisbewegung ist die Maschine optimal, da sie die Bewegung vorgibt, was besonders Anfängern hilft.

Bei der Auswahl der Übungen wurde besonders darauf geachtet, dass die Übungen gut machbar sind für Anfänger und auf das Erreichen der Ziele der Kundin ausgerichtet sind (Kolster, Valerius, Seidenspinner, Kopp, Bershin, Voll, 2008).

5. Literaturrecherche

Ein Großteil der Bevölkerung leidet unter Rückenmerzen im unteren Bereich der Wirbelsäule. Als Lösung wird in vielen Studien das Krafttraining benannt.
Die Wirkungsweise und Effektivität eines Krafttrainings auf die Rückenbeschwerden wird in den folgenden Studien erläutern und untersucht.

Tab. 6: Effekt HIT-Training auf Lendenmuskulatur bei Patienten mit low back pain

(Eigene Darstellung)

	Studie 1
Autoren der Studie	Berry, D. B., Padwal, J., Johnson, S., Englund, E. K., Ward, S. R.& Shatidi, B.
Publikationsjahr	2019
Forschungsfrage	Die Effektivität von hochintensivem Krafttraining auf den Querschnitt und Fettanteil der Lendenmuskulatur bei Patienten mit Schmerzen im unteren Rücken.
Versuchsperson	14 Patienten mit Schmerzen im unteren Rücken aus einer Reha-Klinik
Versuchsaufbau	Die Patienten nahmen an einem 10-wöchigen hochintensiven Krafttraining an Maschinen teil. Davor und danach wurde eine MRT-Untersuchung durchgeführt. Je nach Alter und Geschlecht wurden die Werte: Schmerz, Einschränkung, Angst, Zufriedenheit, Kraft und Bewegungsumfang

	vor und nach dem Training ermittelt und miteinander verglichen. Mithilfe des Pearson-Korrelationstest wurden die belastungsinduzierten Veränderungen im MRT und funktionelle Ergebnismessungen miteinander in Beziehung gesetzt.
Ergebnisse	Es wurden keine Unterschiede bei der Muskelgröße und Fettanteil der Lendenmuskulatur gefunden. Die Patienten gaben an, weniger Schmerzen zu haben und stärker zu sein, nach dem Training. Eine Erhöhung des Muskelquerschnitts steht in Beziehung mit der Verbesserung der Angst und Kraft.
Schlussfolgerung	Während sich der Muskelquerschnitt und Fettanteil durch ein HIT-Training nicht verändert, zeigte sich bei wenigen Patienten eine Verbesserung der Muskelgesundheit.
Quellenangabe	Berry,D. B., Padwal,J., Johnson,S., Englund, E. K., Ward, S. R. & Shahidi, B. (2019). The effect of high-intensity resistance exercise on lumbar musculature in patients with low back pain: a preliminary study. *BMC musculoskeletal disorders*, 20(1), 290.

Tab. 7: Effekt Krafttraining auf Fitness & Lebensqualität bei Frauen mit low back pain

(Eigene Darstellung)

	Studie 2
Autoren der Studie	Cortell-Tormo, J. M., Tercedor Sánchez, P., Chulli-Medrano, I., Tortoda-Martínez, J., Manchado-López, C., Llana-Belloch, S., Pérez-Soriano, P.
Publikationajahr	2018
Forschungsfrage	Auswirkungen eines 12-wöchigen funktionellen Krafttraining auf die gesundheitsbezogene Lebensqualität, Einschränkung, Kopfschmerzen und körperliche Fitness bei Frauen mit chronischen Schmerzen im unteren Rücken
Versuchspersonen	19 Frauen mit chronischem Schmerz im unteren Rücken
Versuchsaufbau	Die Personen wurden zufällig auf eine Übergangsgruppe (EG) und eine Kontrollgruppe (CG) aufgeteilt. Die Probanden der EG wurden vor der Studie und nach den 12 Wochen getestet. Insgesamt fanden 24 Trainings statt, jeweils 2-mal pro Woche. Kopfschmerzen wurden über die visuelle Analogskala (VAS) gemessen, Einschränkung mit den Oswestry Disability Index (ODI) und die gesundheitsbezogene Lebensqualität mit einer Umfrage, dem short form 36 Fragebogen. Die körperliche Fitness wurde mit einem Flamingo-, Rückenausdauer-, Seitenbrücken-, Abdominal-, Curl-up- und 60-Sekunden Kniebeugentest gemessen.
Ergebnisse	Die EG zeigte eine Verbesserung der körperlichen Funktion, Kopfschmerzen, Vitalität, körperliche Komponentenskala, Gleichgewicht, Aufrollen, Kniebeugen, statische Rücken- und Seitenbrücke. Die Werte der Kontrollgruppe änderten sich nicht, da diese nur zum Vergleich dienten und die Personen kein Krafttraining ausführten.
Schlussfolgerung	Periodisiertes funktionelles Krafttraining verringert die Schmerzen und Einschränkungen. Außerdem verbessert sich durch das Krafttraining die gesundheitsbezogene Lebensqualität, das Gleichgewicht und die körperliche Fitness bei Frauen mit chronischen Schmerzen im unteren Rücken.
Quellenangabe	Cortell-Tormo, J. M., Sánchez, P. T., Chulvi-Medrano, I., Tortosa-Martínez, J., Manchado-López, C., Llana-Belloch, S., & Pérez-Soriano, P. (2018). Effects of functional resistance training on fitness and quality of life in females with chronic nonspecific low-back pain. *Journal of back and musculoskeletal rehabilitation*, 31(1), 95–105

6. Literaturverzeichnis

Ahonen, J., Lahtinen, J., Sandström, M. & Pogliani, G. (2003). *Sportmedizin und Trainingslehre.* 2. Auflage. Schattauer, Stuttgart.

American Heart Association. (2003). Zugriff am 22.02.2022. Verfügbar unter https://www.heart.org/en/health-topics/high-blood-pressure/understanding-blood-pressure-readings

Berry, D. B., Padwal, J., Johnson, S., Englund, E. K., Ward, S. R. & Shahidi, B. (2019). The effect of high-intensity resistance exercise on lumbar musculature in patients with low back pain: a preliminary study. *BMC musculoskeletal disorders, 20*(1), 290. Zugriff am 22.02.2022. Verfügbar unter https://pubmed.ncbi.nlm.nih.gov/31208400/

Boeckh-Behrens, W.-U. & Buskies, W. (2000). *Fitness-Krafttraining: Die besten Übungen und Methoden für Sport und Gesundheit.* Reinbek bei Hamburg: Rowohlt.

Boeckh-Behrens, W. U., Buskies, W. & Beier, P. (2002). *Fitness-Krafttraining. Die besten Übungen und Methoden für Sport und Gesundheit* (6. Aufl.). Reinbek bei Hamburg: Rowohlt.

Bös, K. (1987). *Handbuch sportmotorischer Tests.* Göttingen: Verlag für Psychologie.

Borg, G. (1998). Borg's perceived exertion and pain scales. *Human Kinetics, Champaign Il.*

Borg, G. (2004). Anstrengungsempfinden und körperliche Aktivität. *Deutsches Ärzteblatt* 101 A1016-1021.

Bührle, M. (1989). Maximalkraft – Schnellkraft – Reaktivkraft. *Sportwissenschaft,* 19 (3), 311–325.

Buskies, W. (1999). Sanftes Krafttraining nach dem subjektiven Belastungsempfinden versus Training bis zur muskulären Ausbelastung. *Deutsche Zeitschrift für Sportmedizin, 50* (10), 316–320.

Buskies, W. & Boeckh-Behrens, W.U. (2009). *Fitness-Gesundheits-Training Die besten Übungen und Programme für das ganze Leben.*

Carpenter, D. M. & Nelson, B. W. (1999). Low back strengthening for the prevention and treatment of low back pain. *Medicine and science in sports and exercise, 31,* 18–24.

Cortell-Tormo, J. M., Sánchez, P. T., Chulvi-Medrano, I., Tortosa-Martínez, J., Manchado-López, C., Llana-Belloch, S., & Pérez-Soriano, P. (2018). Effects of functional resistance training on fitness and quality of life in females with chronic nonspecific low-back pain. *Journal of back and musculoskeletal rehabilitation, 31*(1), 95–105. Zugriff am 22.02.2022. Verfügbar unter https://pubmed.ncbi.nlm.nih.gov/28826168/

Digate Muth, N., American Council on Exercise (ACE). (2009). Blogartikel, *What are the guidelines for percentage of body fat loss?* Zugriff am 22.02.2022. Verfügbar unter https://www.acefitness.org/education-and-resources/lifestyle/blog/112/what-are-the-guidelines-for-percentage-of-body-fat-loss/

Eifler, C. (2021). *Studienbrief Trainingslehre 1* (rev.26.045.000), S. 159. Saarbrücken: Deutsche Hochschule für Prävention und Gesundheitsmanagement.

Ehlenz, H., Grosser, M. & Zimmermann, E. (1998). Krafttraining. *Grundlagen Methoden Übungen Leistungssteuerung Trainingsprogramme* (6. Aufl.). München: BLV.

Eisenhut, A. & Zintl, F. (2013). *Ausdauertraining. Grundlagen, Methoden, Trainingssteuerung* (Sportwissen, 8. Aufl.). München: BLV

Freiwald, J. & Greiwing, A. (2016). Optimales Krafttraining. *Sport - Rehabilitation - Prävention.* Baling

Fröhlich, M. (2003a). Eine empirische Studie zur Methodik des Kraftausdauertrainings. *Dissertation. Johann Wolfgang-Goethe-Universität,* Frankfurt am Main.

Fröhlich, M. (2006) Zur Effizienz des Einsatz- vs. Mehrsatz-Trainings. Eine metaanalytische Betrachtung. *Sportwissenschaft* 36 269-291.

Fröhlich, M. & Schmidtbleicher, D. (2008). Trainingshäufigkeit im Krafttraining – ein metaanalytischer Zugang. *Deutsche Zeitschrift für Sportmedizin,* 59 (2), 4–12.

Fröhlich, M., Müller, T., Schmidtbleicher, D. & Emrich, E. (2009). Outcome-Effekte verschiedener Periodisierungsmodelle im Krafttraining. *Deutsche Zeitschrift für Sportmedizin,* 60 (10), 307–314.

Fröhlich, M., (2014). Funktionelles Training mit Hand- und Kleingeräten. *Das Praxisbuch* (pp.3-12).

Garhammer, J. & Takano, B. (1994). Training im Gewichtheben. In P. V. Komi (Hrsg.), *Kraft und Schnellkraft im Sport* (S. 353–364). Köln: Deutscher Ärzte-Verlag.

Greiwing, A. & Freiwald, J. (2005). Effects of three resistance training methods on maximal strength endurance and muscle thickness of the m. quadriceps femoris. In J. Gießing, M. Fröhlich & P. Preuss (Hrsg.), Current results of strength training research. *An empirical and theoretical approach* (1. Aufl, S. 65–79). Göttingen: Cuvillier.

Güllich, A. & Schmidtbleicher, D. (1999). Struktur der Kraftfähigkeiten und ihrer Trainingsmethoden. *Deutsche Zeitschrift für Sportmedizin,* 50 (7/8), 223–234.

Haff, G. G. (2000). Roundtable discussion: machines versus free weights. *Strength and Conditioning Journal,* 22 (6), 18–30.

Hois, G. & Ziegner, A. (2006). Grundlagen des mehrgelenkigen Trainings in Theorie und Praxis. *Bewegungstherapie und Gesundheitssport*, 22, 18–25.

Kolster, B. C., Valerius, K.-P., Seidenspinner, D., Kopp, V., Bershin, G. & Voll, M. M. (2008). Bildatlas medizinisches Gerätetraining. *Grundlagen, Anatomie, Training. Marburg: KVM.*

Mac Dougall, J. D., Gibala, M. J., Tarnopolsky, M. A., Mac Donald, J. R., Interisano, S. A. & Yarasheki, K. E. (1995). The time course for elevated muscle protein synthesis following heavy resistance exercise. *Canadian Journal of Applied Physiology*, 20 (4), 480–486

Phillips, S. M., Tipton, K. D., Aarsland, A., Wolf, S. E. & Wolfe, R. R. (1997). Mixed muscle protein synthesis and breakdown after resistance exercise in humans. *American Journal of Physiology*, 273 (1), E99-107.

Sakomoto, A. & Sinclair, P. J. (2006). Effect of movement velocity on relationship between training load and the number of repetitions of bench press. *Journal of Strength and Conditioning Research*, 20 (3), 523–527.

Stemper, T. (1994). Effekte des gerätegestützten Fitnesstrainings. *Veränderung anthropometrischer, motorischer und physiologischer Parameter durch Training an Fitnessgeräten*: SSV-Verl.

Trunz, E., Freiwald, J. & Konrad, P. (2002). *Fit durch Muskeltraining.* Reinbek bei Hamburg: Rowohlt.

Weineck, J. (1997a). Optimales Training. *Leistungsphysiologische Trainingslehre unter besonderer Berücksichtigung des Kinder- und Jugendtrainings* (10. Aufl). Balingen: Demeter-Verl.

Willimczik, K., Daugs, R. & Olivier, N. (1991). Belastung und Beanspruchung als Einflussgrößen der Sportmotorik. In N. Olivier & R. Daugs (Hrsg.), *Sportliche Bewegung und Motorik unter Belastung* (S. 6–28). Clausthal-Zellerfeld: DVS.

Wirth, K., Aatzor, K. R. & Schmidtbleicher, D. (2007). Veränderungen der Muskelmasse in Abhängigkeit von Trainingshäufigkeit und Leistungsniveau. *Deutsche Zeitschrift für Sportmedizin*, 58 (6), 178–183.

World Health Organization (WHO). (1995). *Body mass index – BMI.* Zugriff am 22.02.2022. Verfügbar unter https://www.euro.who.int/en/health-topics/disease-prevention/nutrition/a-healthylifestyle/body-mass-index-bmi

21

7. Tabellenverzeichnis